BIOGRAPHIE

DE MADEMOISELLE

ROSA BONHEUR

PAR

F. LEPELLE DE BOIS-GALLAIS.

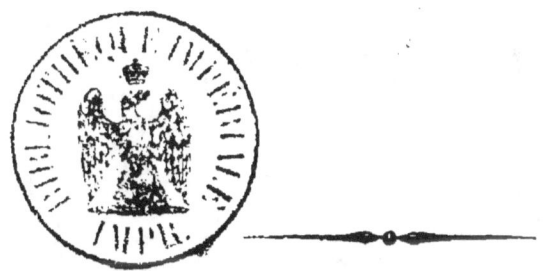

PARIS,

E. GAMBART ET C°, 15, RUE CHARLOT.

1856

Droits de traduction et de reproduction réservés.

UNE

BOUTADE DE L'AUTEUR

EN GUISE

DE PRÉFACE.

———

Écrire une biographie m'a toujours sem-
blé la chose du monde la plus difficile, surtout s'il s'agit d'un contemporain. En effet,
si délicat que soit le style de l'écrivain, si
légère que soit la plume qui effleure l'a-

mour-propre d'une vie qu'on livre au public,
il y a presque toujours matière à éveiller
des susceptibilités chatouilleuses. Chacun a
la fibre sensible dans notre siècle ; on veut
bien occuper les langues, mais avec la pré-
tention de les gouverner exclusivement, et
ne laisser dire de soi que ce qui plaît.

Il est vrai que le patient mis ainsi sur la
sellette a trop souvent le droit de crier ; certains auteurs écorchent impitoyablement
des existences sur lesquelles ils n'ont que
des notions incertaines, pour ne pas dire
mensongères.

Qu'importe à l'éditeur que l'écrit soit
plus ou moins véridique ? Ce n'est pas la
vérité qu'il cherche, c'est l'effet, c'est la
mise en scène. Ce qu'il lui faut avant tout,
c'est le débit de son livre, c'est un succès.
Il sait que l'esprit de son lecteur, faussé par
maints écrivains, blasé jusqu'au dégoût,
cherche des sensations nouvelles ; comme
ces buveurs dont le palais engourdi ne se
réveille qu'au contact des liquides les plus
alcooliques, il lui faut, pour le récréer, le
distraire, les feuilles les plus excentriques,

les libelles les plus scandaleux ; aussi le scandale ne lui manque pas, on lui en sert à foison : cela fait recette, d'ailleurs, et tout est là dans ce siècle de tricheries où chacun élèverait volontiers à la porte de sa maison une statue à la Vertu, pour faire croire à la pureté de l'intérieur.

Ces derniers temps ont été fertiles pour certains biographes ; ils ont fauché à plein sillon dans cette moisson que les événements leur ont offerte. Les hommes politiques, qui se sont si rapidement succédé, ont largement défrayé leur plume avide ; puis, échauffés par la curée, ils se sont rués sur toutes les célébrités : poëtes, artistes, littérateurs, tout y a passé ; ils ont fouillé à plein museau cette proie qu'ils s'approprient ; ils ont, le scalpel à la main, étalé palpitantes à tous les yeux ces existences qu'ils accablent de louanges avec aussi peu de raison qu'ils les traînent au pilori.

Je l'ai déjà dit, le sujet est plein de difficultés, et bien habile est celui qui sait en cette circonstance diriger sa barque sans sombrer, à travers tous les courants contraires. Mais un écrivain, selon moi, méconnaît sa mission lorsqu'au lieu d'éclairer le public il égare son jugement et surprend sa religion. La calomnie est une arme de mauvais aloi, qu'il faut répudier toujours et sans hésiter.

La tâche que j'ai à remplir ici n'offre pas les mêmes obstacles; ma route est toute tracée : c'est une simple et suave histoire que j'ai à raconter; c'est le récit touchant et sincère d'une existence de jeune fille dont les laborieuses journées ont développé le génie, d'une existence à peine commencée, et qui pourtant déjà prend une place d'honneur au milieu de nos plus grandes illustrations.

BIOGRAPHIE

DE MADEMOISELLE

ROSA BONHEUR.

———◆———

En 1820, un jeune peintre d'un mérite remarquable, nommé Raymond Bonheur, vivait à Bordeaux, où il avait déjà remporté plusieurs premiers prix de dessin ; il était le soutien de ses vieux parents, et donnait des leçons pour apporter l'aisance dans la maison ; c'est ainsi qu'il devint le professeur d'une jeune fille. L'artiste avait l'âme ardente et belle, le regard limpide, rayonnant de cette beauté que donnent la jeunesse et le talent. Il aima son élève, il en fut aimé.

Le mariage se fit, mais le père de la jeune femme abandonna le nouveau ménage à ses propres ressources, à son seul courage.

C'est de cette union si suave, où les jeunes époux semblaient avoir pris pour devise affection et dévouement, que naquit mademoiselle Rosa Bonheur. Elle vint au monde à Bordeaux, le 25 mars 1822 ; elle y fut élevée jusqu'à l'âge de quatre ans.

Ce n'était pas le courage qui manquait à Raymond Bonheur ; mais la famille s'était accrue, et la dépense de la maison s'était augmentée en proportion. Il pensa donc sérieusement à venir à Paris ; là était le sanctuaire des arts, la ville aux mille ressources, le paradis de toutes les jeunes ambitions.

Raymond Bonheur était né artiste, et il avait bien le droit de rêver gloire et fortune.

Les œuvres, malheureusement trop rares, que sa courte carrière nous a laissées, nous disent asséz qu'il aurait pu prendre place parmi nos talents les plus distingués; mais il fut entravé trop jeune dans ses études par les exigences impérieuses de sa position. Béranger nous dit quelque part que le besoin est l'écueil du génie; et puis, il faut bien le dire, il vivait à une époque où le souffle du progrès envahissait toutes les têtes. Les grandes intelligences étaient tourmentées de la fièvre de l'avenir; les cœurs généreux cherchaient le nouveau, l'inconnu dans un intérêt social. L'humanité, a dit un homme célèbre, était sourdement travaillée dans ses entrailles, comme si elle allait enfanter un Dieu.

Raymond Bonheur, nature ardente, âme d'élite, s'associa à toutes les idées nouvelles; mais le travail manquait à l'atelier, car les arts à cette époque d'effervescence étaient tombés dans un état de déchéance pénible; le goût public à cet égard était frappé de marasme, et il était alors préférable, pour tout homme obligé de vivre de sa profession, d'être un simple ouvrier que de couvrir des toiles, quelque talent qu'on y mît. Cependant chaque jour apportait d'impérieuses nécessités contre lesquelles la lutte n'avait pas toujours l'avantage. La gêne était venue s'asseoir au foyer de l'artiste.

C'est alors que se révéla dans toute sa beauté le caractère de la jeune femme. Elle voulut venir en aide à son mari; elle puisa dans son amour, dans son affection maternelle, un courage vraiment admirable; elle travailla pour chasser la misère du berceau de ses enfants. Bonne musicienne, elle donna des leçons de piano. Grâce à cette énergie, la famille put respirer un moment.

Mais nous touchions aux années 1829 et 1830. C'était là un temps difficile : les tableaux ne se vendaient pas, les portraits étaient rares, les leçons manquèrent; ce qu'il fallut d'ingénieuse tendresse à la pauvre mère pour essayer de conjurer ce nouvel orage, nul ne le sait. Sa courageuse sollicitude lui fit entreprendre des travaux à l'aiguille, qui se prolongèrent trop souvent la nuit; alors que ses enfants dormaient, elle veillait.

La jeune Rosa Bonheur touchait à sa dixième année. Je pourrais dire que, tout enfant, elle avait donné en maintes circonstances la mesure de ce qu'elle serait un jour, que ses dispositions pour le dessin étaient merveilleuses, qu'elle était un petit prodige enfin. Lorsqu'un grand talent s'est développé, qu'il est arrivé à son apogée, qu'il brille de tout son éclat, on ne manque jamais de gens qui ont deviné, dans le bégayement de l'enfance, tout l'avenir du géant.

Mais comme, d'un côté, mon rôle de biographe m'interdit tout écart d'imagination; que, de l'autre, j'ai peu de sympathie pour tous ces petits phénomènes si précoces dont l'intelligence, mise en serre chaude par la sottise des parents, s'étiole et meurt presque en naissant, je me renfermerai rigoureusement dans l'exacte vérité.

Mademoiselle Bonheur était tout simplement une bonne petite fille, pleine de cœur, assez vive, assez turbulente, aimant mieux patauger avec ses petites mains grasses dans la glaise de l'atelier, pour en faire des figurines, qu'ouvrir la grammaire et apprendre ses leçons; mais ce qu'on peut dire de remarquable de cette enfant, d'ailleurs fort volontaire et surtout très-indépendante, c'est qu'elle avait une âme généreuse.

Le malheur est un hôte qu'il est bien difficile de chasser quand il est entré sous un toit; il s'assied à la table, au foyer, et ne s'en va que lorsqu'il a semé le deuil autour de lui.

Ce n'était pas assez de la détresse qui pesait sur cette maison. Raymond Bonheur perdit sa compagne; la mort vint avant l'heure frapper la noble femme qui soutenait son courage dans les mauvais jours; elle mourut au mois d'août 1833.

Jamais femme et mère ne fut tant regrettée, tant pleurée. Raymond Bonheur restait seul avec quatre enfants; il dut puiser dans sa douleur l'énergie qu'exigeait sa position. Le devoir et l'affection lui firent surmonter toutes les difficultés; il mit d'abord ses enfants chez une femme aux Champs-Élysées, pour qu'elle en prît soin ; ensuite il chercha des travaux.

La mère Catherine envoyait tout ce petit monde à l'école mutuelle; elle n'entendait pas raillerie, la bonne femme, et se montrait assez sévère à l'endroit des leçons. Rosa Bonheur était la moins disciplinée ; les livres, à cette époque de sa vie, la touchaient peu ; il lui fallait de l'air, du soleil ; sa joie la plus grande était de flâner tout un jour sous les vertes allées du bois de Boulogne, regardant piaffer et courir les chevaux. Aussi, bien souvent, après ses escapades réitérées, avait-elle maille à partir à la maison : la mère Catherine n'aimait pas qu'on fît l'école buissonnière.

Deux années se passèrent ainsi, années heureuses, temps d'insouciance, vie d'enfant bercée d'indépendance, à laquelle il fallut dire adieu.

Raymond Bonheur, qui n'avait en vue que le bien-être de ses enfants, et qui s'imposait pour eux les plus grands sacrifices, venait de faire entrer ses deux garçons dans un pensionnat, en échange des leçons de dessin qu'il y donnait. Il fallait aussi songer à l'avenir de la jeune Rosa : la chose était plus difficile; en attendant, on la mit chez une couturière pour apprendre à coudre. De tous les métiers du monde, celui-là était bien le moins apte à captiver son attention ; aussi avait-elle une répugnance invincible pour cette besogne ; elle s'y montrait d'une maladresse à désespérer la patience la plus robuste. Il n'en était pas ainsi quand elle pouvait s'échapper de la pièce où l'on travaillait et se glisser furtivement dans la chambre où le mari de la couturière avait un tour. Si le tourneur était à son travail, elle le suppliait de lui laisser tourner la roue ; s'il était absent, il fallait la voir s'ingénier sur l'instrument pour le faire mouvoir, ébréchant parfois les outils, mais heureuse de s'occuper selon ses instincts.

Ces petites distractions étaient beaucoup trop rares pour compenser l'ennui de la couture; et lorsque le bon artiste venait voir sa fille, lui apportant des friandises avec lesquelles il trouvait toujours moyen d'emplir ses poches, il avait à résister cha-

que fois à un chagrin poignant, que tradui-
duisaient des larmes bien suppliantes. Une
pareille position ne pouvait durer. La jeune
fille grandissait, et rien ne se dessinait pour
son avenir. Enfin le père obtint pour elle,
dans une pension de demoiselles où il était
professeur, le même avantage que pour ses
deux autres enfants.

La voilà donc, après avoir été bien ser-
monnée, bien catéchisée, faisant son entrée
dans une maison où la majeure partie des
pensionnaires appartenait à de riches fa-
milles. Elle y fut bientôt à l'aise, et devint
le boute-en-train de tous les jeux, de toutes
les espiégleries. Les professeurs avaient fort
à faire, et n'étaient pas toujours satisfaits
des mauvais tours qu'elle leur faisait subir.
En revanche, les études n'avaient pas tout
à fait le même succès; son caractère turbu-
lent, un peu sauvage même, se pliait dif-
ficilement à la méthode compassée de l'en-
seignement de la classe. Elle avait assez
d'intelligence pour apprendre vite et bien,
elle l'a prouvé depuis, mais sans doute par
d'autres moyens.

Tout n'était pas joie pour elle dans la fréquentation de ses jeunes compagnes ; elle eut à supporter de fréquentes humiliations ; son amour-propre fut souvent froissé, meurtri par les inégalités de sa position de fortune ; ainsi chaque élève avait à table son couvert et sa timbale d'argent ; seule la pauvre enfant avait ces ustensiles en fer ; elle n'avait à opposer aux parures des autres qu'une petite robe d'indienne plus que modeste. La jeunesse est impitoyable : on le lui faisait bien sentir.

C'est au milieu de ces petites mortifications, où son orgueil blessé la faisait se réfugier en elle, que la pensée d'être quelque chose la prit au cœur.

Mais comment faire ? Ce n'était pas dans Noël et Chapsal qu'elle pouvait trouver le bienheureux arcane. Elle chercha vainement, tourmentée à son insu de ce désir fiévreux de parvenir, mal étrange où l'âme, sans se douter de la lutte, mesure toutes ses forces. Son caractère devint difficile ; elle fit si bien enrager ses maîtres que son père fut obligé de la retirer. Que faire cependant ? Le pau-

vre artiste ne savait à quel parti s'arrêter.
Il aimait tant sa fille qu'il eût voulu, au
prix de tous les sacrifices, lui créer un avenir solide. Pour elle, rentrée à la maison,
ses idées grandirent dans le silence de l'atelier; elle se devina, pour ainsi dire, et se
transforma. Elle dessinait et modelait avec
un enthousiasme presque fébrile : la lu-
mière s'était faite enfin.

« Le génie, a dit un écrivain célèbre, est
comme un torrent fougueux; rien ne peut
en arrêter le cours. Ceux que Dieu a mar-
qués au front du sceau de sa puissance
marchent sans s'arrêter vers le but qu'il leur
a tracé. Toute entrave est un aiguillon qui
les excite et les pousse en avant. »

Raymond Bonheur, cet homme vraiment
grand par la pensée, avait compris sa fille;
il s'en occupa donc avec soin et lui fit faire
des études sérieuses; puis après il l'envoya
au Louvre former son goût sur les anti-
ques, dessiner d'après les maîtres, et chaque jour elle s'en donnait à cœur joie, la
pauvre enfant; la première à l'ouverture
du Musée, la dernière à la sortie, son ar-

2

deur au travail était prodigieuse. Que de
fois, au milieu des œuvres sublimes de ces
grands peintres, qui ont tant et si bien il-
lustré le pays qui les a vus naître, n'a-t-elle
pas senti bondir son jeune cœur, agitée par
cette fièvre de l'art qu'on devrait appeler
sainte! Elle évoquait tous ces génies du
passé, les priant d'éclairer de leur flam-
beau les ténèbres de ses premiers pas.

Soutenue par cette volonté énergique,
elle ne faiblit pas un seul instant ; son travail fut à la hauteur de cette soif d'apprendre. Elle fit plusieurs copies assez impor-
tantes. Un jour elle venait de terminer les
Bergers d'Arcadie ; la toile était encore sur
le chevalet lorsqu'un vieillard s'approcha
d'elle, examina longtemps, puis lui dit :
« Savez-vous, mon enfant, que cette copie
est superbe, irréprochable! Continuez ainsi
vos études, et je vous prédis qu'il y a en
vous l'avenir d'un grand artiste.» Ce soir-
là, quand les portes du Musée fermèrent, la
pauvre jeune fille s'en alla bien joyeuse :
son infatigable labeur n'avait pas été sté-
rile.

Ce qu'elle voulait alors, c'était de venir
en aide à son père, qu'elle aimait ardem-
ment. Elle travaillait, travaillait sans relâche; et quand elle avait terminé une ou
deux copies, on les vendait tant bien que
mal. Recevant peu, il lui fallait produire
davantage, pour que la recette pesât de quelque poids dans le budget du mois.

Mademoiselle Rosa Bonheur avait atteint
sa dix-septième année; c'est alors qu'elle
commença à étudier les animaux. Sa première étude en ce genre fut une chèvre,
qu'elle fit d'après nature; elle se passionna
vite pour cette nouvelle route ouverte à
son intelligence. Elle chercha des sujets de
tous côtés; souvent elle allait peindre et
modeler à la campagne, faisant cinq à six
lieues à pied, sa boîte de couleurs à la main,
ou chargée de quelques livres de terre
glaise: sa bourse peu garnie ne lui permet-
tait pas de prendre une voiture. Aussi que
de fois revint-elle chez son père brisée par
la fatigue! Mais elle ne reculait devant au-
cune difficulté, et c'était vraiment admirable de voir cette jeune fille, encore

un enfant, luttant avec une énergie sur-
humaine pour vaincre tous les obstacles
matériels entassés sur son chemin, luttant pour essayer de déchiffrer le grand
mystère de l'art et lui surprendre ses se-
crets.

C'est à tort que, dans les notices qui ont
été publiées jusqu'à ce jour sur mademoiselle Rosa Bonheur, on a eu l'idée de la faire
élève de M. Léon Coignet ; sans chercher à
remonter à la source de cette erreur, qui
s'est glissée jusque dans le livret du Salon,
je dois dire ici que mademoiselle Bonheur
n'a jamais eu d'autre maître que son père
et la nature. L'un avait bien assez de savoir
et d'intelligence pour la conduire pas à pas
dans la route qu'elle a suivie ; et l'autre, cette
bonne nature, a été interrogée avec trop
de conscience et d'amour par la jeune artiste pour qu'elle se soit montrée ingrate à
son égard. Du reste, Raymond Bonheur a
été ainsi le maître de tous ses enfants ; leur
talent ne relève que de lui et d'eux-mêmes ;
il peut en revendiquer toute la gloire. Il
faut pourtant le reconnaître, M. Coignet a

été d'une grande bienveillance pour mademoiselle Bonheur, et il l'a encouragée dans
ses travaux.

Ses nouvelles créations se vendaient assez
facilement et la faisaient persévérer dans ce
genre, qui déjà captivait presque tous ses
instants. Elle avait le courage héroïque
d'aller chaque jour à l'abattoir du Roule
étudier d'après nature, faisant taire sa répugnance pour ce charnier d'où s'exhalait
sans cesse une odeur de boue et de sang,
et bravant la crainte bien fondée de se voir
exposée à la brutalité grossière de gens qui
se font trop souvent un plaisir de faire
rougir une femme par leurs propos grave-
leux. Mais, j'ai hâte de le dire, mademoiselle Bonheur fut vite à l'abri de ce côté;
jamais elle n'eut à se plaindre de per-
sonne. On la respectait, on l'admirait; tant
il est vrai que la vertu possède un pres-
tige qui impose, un langage que tout le
monde comprend et devant lequel on s'in-
cline.

L'abattoir était une source féconde de
richesses pour l'étude; la jeune artiste, am-

plement récompensée de la peine qu'elle
s'y donnait, fouillait, sans jamais l'épuiser,
ce trésor qui se variait à l'infini. Elle par-
tait le matin, un morceau de pain dans sa
poche, et là, complétement isolée, malgré
le bruit et le mouvement qui se faisaient
autour d'elle, elle s'identifiait tellement avec
son sujet, s'absorbait tellement dans son
travail, qu'elle oubliait souvent de prendre
la moindre nourriture. Lorsqu'elle rentrait
le soir, son chapeau, sa figure, ses albums,
ses dessins, tout cela était maculé par les
mouches, qui fourmillent toujours là où il
y a des animaux.

Raymond Bonheur, ayant repris tous les
siens avec lui, se remaria; mais ce nouvel
hymen amenait deux enfants de plus à la
maison; il fallut donc redoubler d'énergie.
Aussi tout le monde s'en donnait à l'envi.
Réunie dans le même atelier, toute la famille, comme une jeune couvée, s'ébattait,
joyeuse et laborieuse, travaillant avec ardeur sous l'aile du père, du maître, de l'ami,
qui partageait aussi leurs jeux. On m'a dit
que rien n'était plus suave, plus touchant

que ce tableau. Auguste et Isidore étu-
diaient sans relâche; Rosa, la première à
son chevalet, chantait comme une fauvette
du matin au soir. On ne reculait devant
aucun travail, et souvent, après les fatigues
de la journée, notre jeune fille faisait encore à la lueur de la lampe des dessins pour
le commerce.

Ce coin, où régnait une si bonne harmo-
nie, était situé au sixième étage d'une maison de la rue Rumfort. Il était bien petit;
mais chacun apportait avec tant de joie sa
part de labeur à l'association qu'on y était
à l'aise.

Mademoiselle Rosa Bonheur aimait les
oiseaux avec passion, mais elle souffrait de
les voir en cage. Un de ses frères imagina
de fabriquer un filet qui fermait herméti-
quement la croisée; on put ainsi laisser aux
petits captifs un semblant de liberté, ce qui
la ravissait. Un mouton partageait cette affection. C'était assez difficile, au sixième étage,
de faire une existence passable à ce pauvre
animal; mais elle était volontaire, notre
jeune artiste, je l'ai déjà dit; elle tenait

donc à son mouton; ses frères y tenaient bien autant qu'elle; et d'ailleurs c'était un modèle complaisant, toujours prêt, qu'on avait là sous la main. Comme la bonne bête ne pouvait pas descendre les escaliers, c'était charmant de voir Isidore Bonheur, semblable au bon pasteur, mettre bravement la brebis sur ses épaules et la porter dans un clos voisin, pour y paître l'herbe fraîche et drue.

La réputation de la jeune fille s'en allait grandissant; déjà le Salon de 1841 avait admis deux charmants petits tableaux de lapins, chèvres et moutons. On avait admiré, l'année suivante, trois délicieuses toiles : une entre autres, *Animaux dans un pâturage*, effet du soir; puis une *Vache couchée dans une prairie*, et le *Cheval à vendre*. En 1843 elle avait exposé des *Chevaux sortant de l'abreuvoir* et des *Chevaux dans une prairie*. Ces compositions, envoyées la même année à Rouen, avaient obtenu une médaille de bronze. Elle avait eu, au Salon de 1844, cinq tableaux, et un taureau modelé en terre; sculpture et peinture avaient rivalisé de succès, et la ville de Rouen, cette fois, lui avait envoyé une médaille d'argent. Chaque année avait ajouté à la renommée de la jeune fille, et les récompenses ne lui avaient pas failli. Paris lui avait décerné une médaille d'or. Les villes de province aussi rendaient hommage à son talent.

Nous étions en 1847; toute la famille était encore rue Rumfort; Auguste et Isidore débutaient dans leur carrière artistique et s'y faisaient déjà remarquer. La jeune sœur Juliette travaillait avec ardeur, essayant de marcher sur les traces de son aînée.

Vers cette époque, M. Paul Delaroche vint faire une visite à notre jeune artiste. Ce fut pour elle un grand honneur, et je puis dire un bien vif encouragement. On mit ce jour-là, pour recevoir le grand maître, une certaine coquetterie à ranger et nettoyer l'atelier. Il fut d'une bienveillance et d'une bonté si touchantes que cette entrevue a laissé, dit-on, dans l'esprit de mademoiselle Bonheur, un bien agréable souvenir.

La tourmente révolutionnaire de 1848 n'interrompit pas les travaux de la jeune fille; elle avait exposé de magnifiques *Bœufs du Cantal*, qui furent achetés par l'Angleterre. On en parla beaucoup dans le public et le monde artistique, et le gouvernement récompensa l'artiste en lui envoyant un vase de Sèvres de la plus grande beauté.

Raymond Bonheur venait d'être nommé par le gouvernement directeur de l'école de dessin des demoiselles; malheureusement sa santé, altérée par un travail opiniâtre, ne lui permit pas de jouir longtemps de cette position, qu'il devait à son seul mérite. Homme éminemment distingué, artiste d'un beau talent, destiné à de grandes choses, il avait usé sa vie dans la lutte, sans cesse aux prises avec le besoin, ce fardeau qu'impose toujours une nombreuse famille et qui fait plier les épaules les plus robustes. Il mourut le 24 mars 1849, profondément regretté des siens.

Après cette mort, qui jeta le deuil dans la maison, mademoiselle Bonheur, qui avait obtenu la direction de l'école, dut se surpasser pour faire face à tous les travaux. Elle avait peint sa délicieuse toile du *Labourage niver-nais* pendant la maladie de son père. Ce tableau, admis au Salon, y fit sensation. Le gouvernement, qui avait fait cette commande, félicita l'artiste, et fit à l'œuvre les honneurs du Luxembourg. Cette peinture, du reste, où brillait une entente si parfaite de l'art dans ses qualités les plus exquises, rendit populaire la réputation de son auteur.

L'artiste créait sans cesse, et on peut encore aujourd'hui évoquer une à une toutes ces gracieuses compositions que son infatigable ardeur faisait passer sous nos yeux émerveillés. On est étonné de la prodigieuse facilité avec laquelle elle a su produire tant et si bien.

Là, c'est un *Abreuvoir* où viennent se désaltérer en ruminant des bœufs au pas lourd et majestueux; des vaches, les bonnes bêtes, avec leurs mamelles pleines d'un lait que l'on va traire; des petits veaux qui s'en vont gambadant. La journée finit, et la demi-teinte vaporeuse du ciel jette sur ce tableau un charme d'une poésie où l'esprit se complaît et se repose.

Sur une autre toile, c'est une *Brebis surprise par la tempête*, égarée pendant l'orage; l'attitude pleine d'anxiété de la pauvre bête pour son cher petit agneau, qu'elle appelle en bêlant, vous émeut étrangement. Vous êtes, bon gré, mal gré, vivement impressionné par ce petit drame si touchant de simplicité.

A travers une vaste lande qui se perd dans un horizon sans fin, un riche *Fermier d'Auvergne,* monté sur un bidet, accompagné de son valet, *conduit au marché une bande d'animaux.*

Puis c'est un petit *Pâtre,* un enfant des Pyrénées, *gardant son troupeau sur la montagne.* Dans cette page, mademoiselle Bonheur semble avoir lutté de poésie avec la nature elle-même.

Ailleurs, c'est une *Vache couchée dans un pâturage;* un *Troupeau de moutons* cheminant; des *Vaches dans une prairie;* des *Taureaux,* des *Étalons;* des *Charbonniers dans une forêt;* et tant d'autres tableaux où l'artiste, comme toujours, a répandu à profusion le charme de son talent si varié, si plein de verve, de force et d'ampleur.

Parmi les œuvres les plus remarquables que nous devons à son pinceau, je dois citer la toile du *Marché aux chevaux*. Lorsque cette peinture parut, on se rappelle combien fut profond l'effet qu'elle produisit. Les attaques furent violentes, les admirateurs nombreux et enthousiastes. « C'est le propre du « beau dans l'art, a dit un auteur, de sou-« lever à sa naissance les plus vives opposi-« tions, et de ne s'établir solidement dans « l'admiration humaine qu'après une lutte « opiniâtre et prolongée. » Puis il ajoute : « Toute chose dont on ne dispute pas porte « en elle le germe de l'oubli ; toute compo-« sition qu'on envisage à la première vue de « sang-froid, sans frémissement d'impa-« tience, sans cris de surprise, peut bien « être une œuvre de bon sens; mais elle est « assurément dénuée de poésie, sans durée « probable. »

Les dissidences les plus passionnées ne manquèrent pas en présence de cette page;

la presse entière s'en occupa et lui consacra
de nombreux articles. Il est vrai de dire que
jamais la pensée et la forme n'avaient revêtu
un caractère plus fascinant de vérité et de
mouvement.

L'Angleterre fit l'acquisition de cette toile.
Après l'avoir exposée au salon de Pall-Mall,
elle témoigna son admiration et son enthousiasme par la voix de ses plus célèbres écrivains, de ses plus grands critiques. Le jour-
nal *le Times,* ordinairement si sobre de
louanges, s'exprimait ainsi sur cette peinture : « En s'arrêtant devant le *Marché*
« *aux chevaux*, toute idée préconçue cesse ;
« on admire un effet lumineux, splendide ;
« on palpite devant la puissante interpréta-
« tion du réel, du tout, présenté par un es-
« prit évidemment imbu du sentiment élevé
« de la nature. Cette production est tellement
« extraordinaire, elle expose si compléte-
« ment le savoir académique et la philoso-
« phie sentimentale de l'art, que, etc........ »
Je puis le dire ici en passant, ces éloges
n'étaient pas suspects sous la plume du
Times.

Le public a pu juger encore, au milieu de cette Exposition universelle où la France avait fait appel à toutes ses gloires, une peinture commandée par le gouvernement, intitulée *la Fenaison*. Je ne parlerai pas du succès de cette œuvre : nous sommes encore sous l'impression qu'elle a produite.

L'artiste a su faire entrer le genre qu'elle affectionne dans une voie intelligente et nouvelle. Il faut bien en convenir, il y a dans ses ouvrages quelque chose de si frais, de si vrai, et en même temps de si profondément élevé, qu'on se trouve tout d'abord sous le charme d'une sensation heureuse. Sa mission est de déchiffrer la sublime poésie de la nature agreste, et de traduire le grand caractère de l'œuvre de Dieu. C'est aux champs, dans les bois, dans les montagnes les plus abruptes, qu'elle cherche de préférence un aliment à ses délicieuses compositions. Son pinceau nous révèle les merveilles de la création champêtre, et nous apprend à lire dans le livre si varié de la nature.

Mademoiselle Rosa Bonheur vit, comme les

anciens peintres, d'une vie tranquille et fort
retirée, consacrée au travail. Cette existence
est d'autant plus agréable, elle a d'autant
plus de charme, qu'elle a su faire naître autour d'elle des amitiés toutes dévouées.

Elle est jeune, pleine d'énergie et de foi
dans l'avenir : les esprits de cette nature ne
s'arrêtent pas en chemin. Exercée par un labeur incessant, prédisposée par une organi-
sation contemplative, elle suivra sans dévier
la route qu'elle s'est tracée. La passion de
l'art la pousse en avant, et, sans rien vou-
loir préjuger de ce qui surgira un jour de
ses études poussées jusqu'aux dernières li-
mites, je lui conseillerai d'appliquer à son
talent cette vieille et belle maxime : Noblesse
oblige.

Paris. — Typographie de Firmin Didot frères, fils et Cie, rue Jacob, 56.